Salvete
Neue Ausgabe

Arbeitsheft — Lektion 1 bis 9

von
Ulrike Althoff
Dieter Belde
Andreas Efing
Sylvia Fein
Jens Kühne
Sylvia Thiele

unter beratender Mitarbeit von

Alfred Bertram
Werner Fortmann
Beate Promberger

Redaktion: Werner Schmidt
Illustration: Ulrike Braun, Berlin
Umschlaggestaltung: Wolfgang Lorenz
Layout und technische Umsetzung: Wladimir Perlin, Berlin

www.cornelsen.de

1. Auflage, 1. Druck 2006/06

Alle Drucke dieser Auflage sind inhaltlich unverändert
und können im Unterricht nebeneinander verwendet werden.

© 2006 Cornelsen Verlag, Berlin

Das Werk und seine Teile sind urheberrechtlich geschützt.
Jede Nutzung in anderen als den gesetzlich zugelassenen Fällen bedarf der
vorherigen schriftlichen Einwilligung des Verlages.
Hinweis zu § 52a UrhG: Weder das Werk noch seine Teile dürfen ohne eine
solche Einwilligung eingescannt und in ein Netzwerk eingestellt werden.
Dies gilt auch für Intranets von Schulen und sonstigen Bildungseinrichtungen.

Druck: Druckhaus Berlin-Mitte

ISBN-13: 978-3-06-120075-6
ISBN-10: 3-464-120075-4

 Inhalt gedruckt auf säurefreiem Papier aus nachhaltiger Forstwirtschaft.

INHALT

Ein ungewöhnliches Familientreffen — 4

LERNORT I

Lektion 1
MEINE GRAMMATIK Wortarten und Satzteile — 5
SO LEBTEN DIE RÖMER Das Forum Romanum — 7
MEIN LATEINISCHER WORTSCHATZ
Warten auf Rufus — 8

Lektion 2
MEINE GRAMMATIK Singular und Plural; Adjektiv;
Konnektoren; Satzteile — 9
SO LEBTEN DIE RÖMER Fastfood in Rom — 11
MEIN LATEINISCHER WORTSCHATZ
Verwandte gesucht! — 11
In der Schänke — 12

Lektion 3
MEINE GRAMMATIK Akkusativ; Präpositionen;
Satzteile; Adjektiv — 13
SO LEBTEN DIE RÖMER Wohnen im alten Rom — 15
MEIN LATEINISCHER WORTSCHATZ
Arbeit in Rom — 15

METHODENTRAINING Vokabeln lernen — 16

TESTE, WAS DU SCHON KANNST Lektion 1–3 — 18

LERNORT II

Lektion 4
MEINE GRAMMATIK Die a- und e-Konjugation,
esse und posse; Personalpronomen; Satzteile — 19
SO LEBTEN DIE RÖMER Schule in Rom — 21
MEIN LATEINISCHER WORTSCHATZ
Schule damals und heute — 22

Lektion 5
MEINE GRAMMATIK Der Dativ — 23
Konjunktionen und Subjunktionen — 24
SO LEBTEN DIE RÖMER
Die „Familienausstattung" — 25
MEIN LATEINISCHER WORTSCHATZ Gut gerüstet
für den Tag; Ein rätselhaftes Versteck — 26

Lektion 6
MEINE GRAMMATIK Der Genitiv;
Das Possessivpronomen; Verben — 27
SO LEBTEN DIE RÖMER
Die modernen Gladiatoren — 29
MEIN LATEINISCHER WORTSCHATZ
El español – una hija del latín — 29

METHODENTRAINING
Den Inhalt eines Textes erschließen — 30

TESTE, WAS DU SCHON KANNST Lektion 1–6 — 32

LERNORT III

Lektion 7
MEINE GRAMMATIK
Kasus vollständig! Der Ablativ — 33
SIEHTAUSWIEEINERISTABERKEINER — 34
SO LEBTEN DIE RÖMER Warum Sklaven einen
Aufstand machen; Spartakus-Quiz — 35
MEIN LATEINISCHER WORTSCHATZ
Die Ansprache des Spartakus — 36

Lektion 8
MEINE GRAMMATIK Imperfekt und Perfekt — 37
SO LEBTEN DIE GRIECHEN UND RÖMER
Sagenhafte Trojaner; Sprichwörtlich — 39
MEIN LATEINISCHER WORTSCHATZ
Gut gelernt ist halb gewonnen;
Was gehört zusammen? — 40

Lektion 9
MEINE GRAMMATIK
(Im)perfektformen vollständig! Präpositionen — 41
Adverb und Verb — 42
SO LEBTEN DIE RÖMER
Wie aus Troja Rom wurde — 43
MEIN LATEINISCHER WORTSCHATZ
Klein, aber gemein — 43

METHODENTRAINING Formen: Wortbausteine — 44

TESTE, WAS DU SCHON KANNST Lektion 1–9 — 46

Bildnachweis — 48

EIN UNGEWÖHNLICHES FAMILIENTREFFEN

Latein eine tote Sprache? Wer das behauptet, irrt sich gewaltig! Auch wenn „Mutter Latein" schon älter als 2000 Jahre ist, lebt sie z. B. in ihren „Töchtern" Italienisch, Spanisch und Französisch weiter bis heute. Wie quicklebendig Latein noch immer ist, kannst du sehen, wenn sich die Töchter bei einem Treffen über ihre Familien unterhalten.

1 Einige der wichtigsten Wörter haben wir aufgeschnappt. Ordne sie ihren jeweiligen Sprachen und lateinischen Grundwörtern in der Tabelle zu. Hilfe kannst du auch in einem Lexikon oder vielleicht bei Klassenkamerad(inn)en finden, die eine der Sprachen kennen oder sogar als Muttersprache sprechen.

Latein	Italienisch	Spanisch	Französisch
familia			
mater		madre	mère
pater	padre		
filius		hijo	
filia	figlia		

Latein	Italienisch	Spanisch	Französisch
unus			
duo	due		deux
tres			

1 Lernort 1

Lektion 1 ◂ **MEINE GRAMMATIK**

1 Wortarten

Notiere jeweils, an welchen Hinweisen im Vokabelverzeichnis man die Wortarten erkennen kann.

```
                    NOMEN
    ┌──────────┬──────────┐         ┌──────────┬──────────┐
    │ Adjektiv │Substantiv│         │  Adverb  │Konjunktion│
    │(Eigen-   │(Hauptwort)│        │(Umstands-│(beiordnen-│
    │schaftswort)│        │         │  wort)   │des Binde- │
    │          │          │         │          │wort)      │
    └──────────┴──────────┘         └──────────┴──────────┘
         wird dekliniert                 
                          ┌──────────┐
                          │   Verb   │
                          │(Tätigkeits-│
                          │   wort)  │
                          └──────────┘
                          wird konjugiert
              wird verändert        wird nicht verändert
                          ┌──────┐
                          │ WORT │
                          └──────┘
```

2 Das Geschlecht (Genus) der Substantive

Ein Substantiv hat immer ein Geschlecht (lat. genus):

Maskulinum oder _____ oder _____ .

Man kann in der Regel das Genus eines Substantivs an seiner Endung erkennen:

Ein Substantiv, das auf -us endet, ist _____ .

Ein Substantiv, das auf -a endet, ist _____ .

Ein Substantiv, das auf -um endet, ist _____ .

LERNORT I *Lektion 1: Meine Grammatik*   quinque **5**

3 Das Adjektiv, ein Chamäleon

Das Adjektiv verhält sich wie ein Chamäleon: Es passt sich an seine Umgebung an. Das heißt, es nimmt das gleiche Geschlecht an wie das

_____ , auf das es sich

bezieht. Dieses Wort nennt man

_____ und diese Beziehung

nennt man _____ .

dominus magn_____   domina magn_____   forum magn_____

4 Die Satzteile

Die meisten Sätze bestehen aus _____ (Satzgegenstand)

und _____ (Satzaussage).

Subjekt	Prädikat	
Wer/Was	tut etwas?	einfaches Prädikat
Amicus	clamat.	
Wer/Was	ist jemand/etwas?	zusammengesetzte Prädikat:
Livia	attenta est.	Prädikatsnomen + Kopula

Das Subjekt kann durch ein _____ erweitert sein:

Subjekt	Attribut	Prädikat
	Was für ein? / Welcher?	
Amicus		clamat.
	Britannicus	

Trage die Satzteile ein:

1. Livia		appropinquat.

2. Serva	Graeca	laborat.

3. Theodorus		servus est.

4. Dominus	Romanus	adest.

Lektion 1 ◀ SO LEBTEN DIE RÖMER

Das Forum Romanum

1
a Ordne die Namen den richtigen Gebäuden und Straßen zu. Informiere dich dazu mit Hilfe von Sachbüchern oder per Internet.
b Zeichne mit Hilfe der Abbildung in Lektion 1 den goldenen Meilenstein ein.

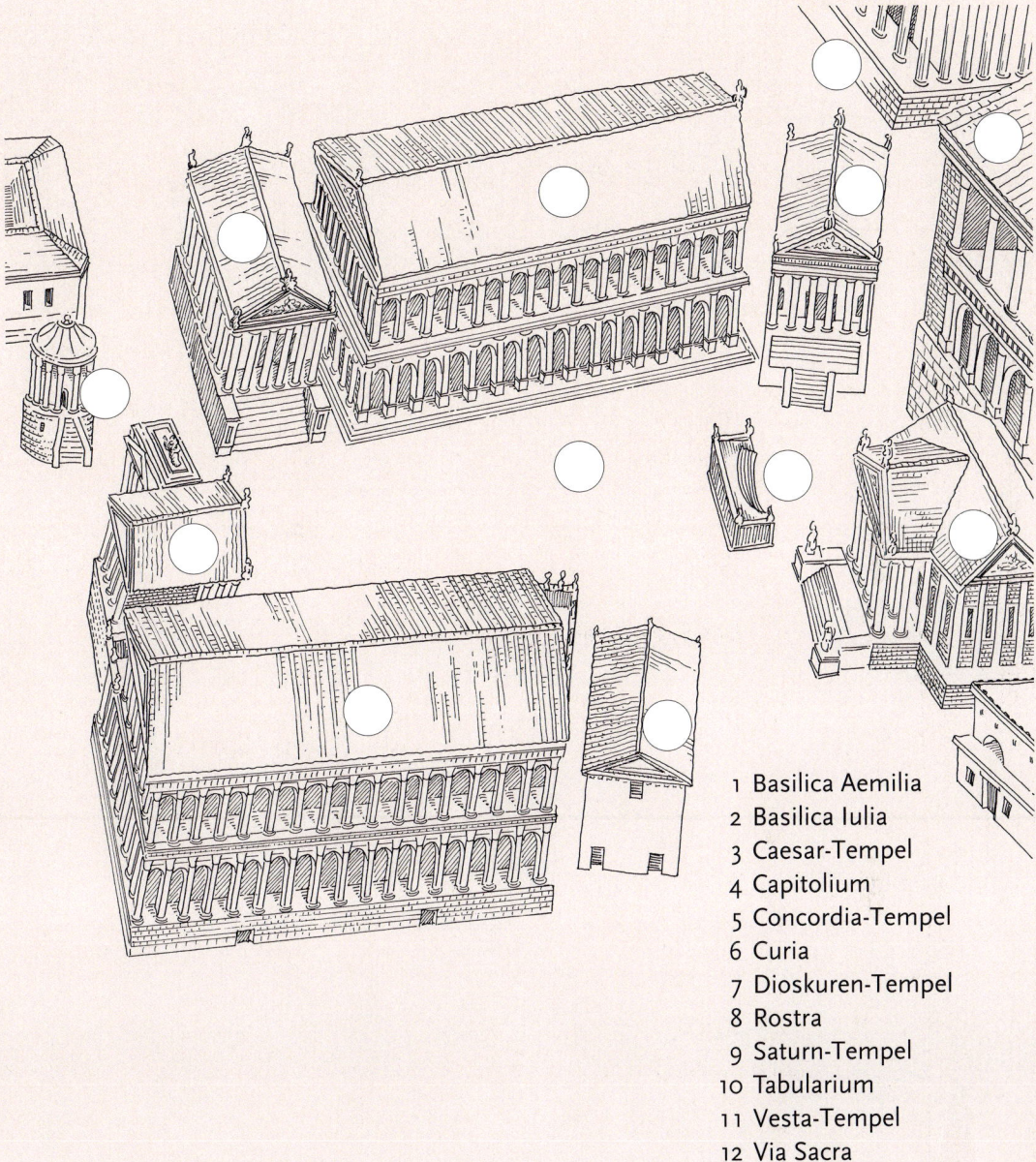

1 Basilica Aemilia
2 Basilica Iulia
3 Caesar-Tempel
4 Capitolium
5 Concordia-Tempel
6 Curia
7 Dioskuren-Tempel
8 Rostra
9 Saturn-Tempel
10 Tabularium
11 Vesta-Tempel
12 Via Sacra

Das Forum – mehr als ein Marktplatz

2 Ordne den Gebäuden ihre Aufgaben zu.

Gebäude	Aufgabe	
a) Tempel	1.	2.
b) Basilika	1.	2.
c) Curia, Rostra		

Aufgabe: Götterverehrung, Rechtsprechung, Politik, Handel, Bank

LERNORT I *Lektion 1: So lebten die Römer*

Lektion 1 ◀ **MEIN LATEINISCHER WORTSCHATZ**

1 *Warten auf Rufus*

Beschrifte das Bild mit Hilfe von Lektion 1, Text 2, Z 1–2.

Lektion 2 ◀ **MEINE GRAMMATIK**

1 *Singular und Plural (Numerus)*

a Singular bedeutet _____ ,

Plural bedeutet _____ .

b Im Lateinischen gibt es verschiedene Endungen für Singular und Plural. Übersetze die beiden folgenden Sätze und prüfe, wie es im Deutschen ist.

Amic<u>us</u> appropinqu<u>at</u>. _____

Amic<u>i</u> appropinqu<u>ant</u>. _____

c Ergänze die Endungen der Substantive mit Hilfe des Lektionstextes.

Anzahl	o-Deklination (M.)	a-Deklination (F.)	o-Deklination (N.)
Singular	amic	femin	gaudi
Plural	amic	femin	gaudi

d Ergänze die Endungen der Verben mit Hilfe des Lektionstextes.

Anzahl	e-Konjugation	a-Konjugation	esse (sein)
Singular	time	clama	es
Plural	time	clama	su

2 *Das Adjektiv, ein Chamäleon*

a Das Adjektiv verhält sich auch beim Numerus (bei der Anzahl) wie ein Chamäleon: Wieder passt es sich an die Umgebung an. Es nimmt den gleichen Numerus an wie sein _____ .

Man sagt auch: Die beiden Wörter sind _____ .

b Ergänze richtig:

dominus magn____   domina magn____   forum magn____

domini magn____   dominae magn____   fora magn____

3 Konnektoren

a Ergänze richtig: Wörter, die einzelne Sätze oder Satzteile miteinander

_____ , heißen Konnektoren (Satz-Verbinder).

b Streiche in folgender Übersicht falsche Aussagen über die Konnektoren: Sie
- ▸ reihen Aussagen aneinander;
- ▸ enthalten Zeit- oder Ortsangaben;
- ▸ geben Eigenschaften an;
- ▸ leiten Begründungen oder einen Gegensatz ein;
- ▸ bezeichnen Handlungen.

c Trage die in Text 1 und 2 enthaltenen Konnektoren entsprechend ihrer Sinnrichtung ein. Achtung, nicht alle Felder müssen ausgefüllt werden!

Aneinanderreihung	Zeitangabe	Ortsangabe	Begründung	Gegensatz

4 Satzteile

Trage jeweils die Satzteile ein:

1 Aedificium	magnum	ardet.

2 Nonnullae	feminae	adsunt.

3 Cuncti	pueri	laeti sunt.

4 Quintus	amicus	gaudet.

5 Quintus et pueri		rident.

Lektion 2 ◀ **SO LEBTEN DIE RÖMER**

Fastfood in Rom

1 Kreuze richtig oder falsch an:

Im alten Rom gab es noch kein Fastfood.
Es gab schon mobile Imbissverkäufer.
Die Weinschänken (tabernae) lagen im ersten Obergeschoss.
In den Weinschänken gab es nicht nur Wein.
Das Essen aus den Weinschänken konnte man auch mitnehmen.
Das Lieblingsessen der Römer war Spagetti mit Tomatensoße.
Die armen Römer kochten sich ihr Essen zu Hause.
Die reichen Römer gingen selten in vornehme Speiselokale.

Lektion 2 ◀ **MEIN LATEINISCHER WORTSCHATZ**

Verwandte gesucht!

 **1**

caseus, oleum, vinum, monumentum, cella, schola, planta, vallum, fructus, strata

wine, plant, school, oil, wall, cheese, fruit, monument, cellar, street

Wein, Käse, Wall, Frucht, Monument, Schule, Öl, Straße, Keller, Pflanze

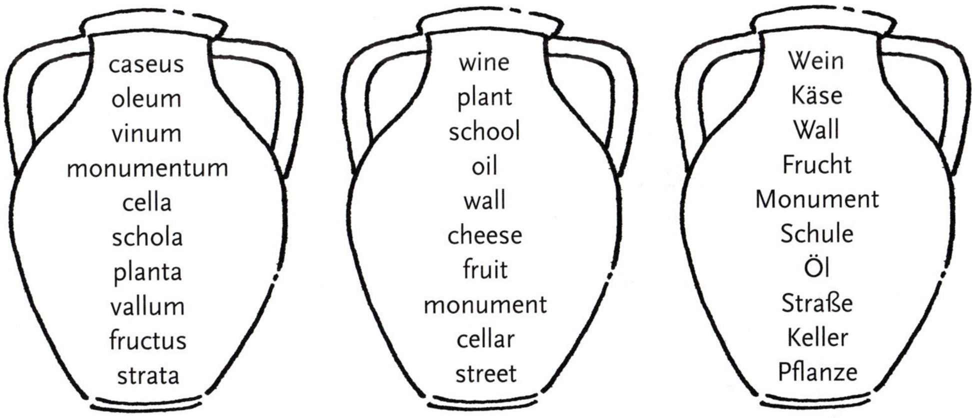

Finde die verwandten Wörter und trage sie in die Tabelle ein:

Lateinisch	Englisch	Deutsch

LERNORT I *Lektion 2: So lebten die Römer, mein lateinischer Wortschatz*   undecim **11**

2 In der Schänke

Bilde aus dem folgenden Wortspeicher zum Bild passende Sätze und trage sie in die Kästchen ein. Versuche dabei, jedes Satzbauteil nur einmal zu verwenden.

Subjekte: copa, Graeci, domini Romani, servi, dominae Romanae, servae
Prädikate: sedent, rident, appropinquat, laetae non sunt, disputant, gaudent

Lektion 3 ◀ MEINE GRAMMATIK

1. Der Akkusativ

a Ergänze mit Hilfe des Lektionstextes die richtigen Endungen.

Singular:

Kasus	o-Deklination (M.)	a-Deklination (F.)	o-Deklination (N.)
Nominativ	amic	femin	gaudi
Akkusativ	amic	femin	gaudi

Plural:

Anzahl	o-Deklination (M.)	a-Deklination (F.)	o-Deklination (N.)
Nominativ	amic	femin	gaudi
Akkusativ	amic	femin	gaudi

b Markiere die Formen, bei denen Nominativ und Akkusativ gleich sind.

c Die Form eines deklinierten Wortes zu bestimmen bedeutet: Man gibt an, welchen Kasus

(= _____), welchen Numerus (= _____) und

welches Genus (= _____) ein Wort hat (Abkürzung: KNG),

z. B. amicum – Akkusativ (Akk.) Singular (Sg.) Maskulinum (M.);
filiae – Nominativ (Nom.) Plural (Pl.) Femininum (F.)

d Bestimme die folgenden Formen:

statuas _____ ; pueri _____ ; vinum (2) _____

e Quintus (Kasus: _____ Frage: _____)

puerum (Kasus: _____ Frage: _____) videt.

Übersetzung: _____

Der *Nominativ* (*Wer*-Fall) ist die *Grundform*, die auch im Vokabelverzeichnis steht.
Wenn du wissen willst, wie im Deutschen die Form des *Akkusativs* (*Wen*-Fall) dazu lautet,
hilft dir das Verb *sehen*: „Ich sehe die Freunde / die Frauen / die Tempel." (Akk. Pl.).
Bilde mit dieser Hilfe im Deutschen den Akkusativ zu den folgenden Wörtern:

der Sklave _____   die Jungen _____

das Denkmal _____   die Gebäude _____

die Freundin _____   die Herrinnen _____

f Markiere die Beispiele, bei denen die Akkusativform gleich der Form des Nominativs ist.

2 Präpositionen

Präpositionen stehen immer vor _____.

Die Präpositionen, die du in Lektion 3 findest, stehen beim _____.

3 Satzteile: Akkusativobjekt und Adverbiale

a Das Akkusativobjekt gibt an, wen eine Handlung betrifft, z. B. wen Quintus sieht oder wen er ruft: Quintus puellas videt/vocat. Wie der Name sagt, steht das Akkusativobjekt im

_____.

b Durch das Adverbiale erhält man Antworten auf die Fragen wo?, wohin?, woher?, wann?, wie oft?, wie sehr?, wie? oder warum?.

Es ist entweder ein _____ (z. B. nunc) oder eine

Kombination aus _____ und _____

(z. B. per viam). Diese Kombination nennt man auch _____.

c Trage die Satzteile ein:

1 Servi	aquam	apportant.

2 Puer	apud virum	stat.

3 Subito	Livia	puerum	videt.

4 Das Adjektiv, ein Chamäleon

Das Adjektiv verhält sich auch beim Kasus wie ein Chamäleon: Es stimmt also in Kasus,

Numerus und Genus mit seinem _____ überein. Diese Übereinstimmung

nennt man _____ Ergänze richtig:

dominum magn_____   dominam magn_____   forum magn_____

dominos magn_____   dominas magn_____   fora magn_____

Lektion 3 ◂ SO LEBTEN DIE RÖMER

Wohnen im alten Rom

1 Beschrifte die Zeichnung des Atriumhauses. Als Hilfen kannst du den Informationstext und den Grundriss in Lektion 3 deines Buches verwenden.

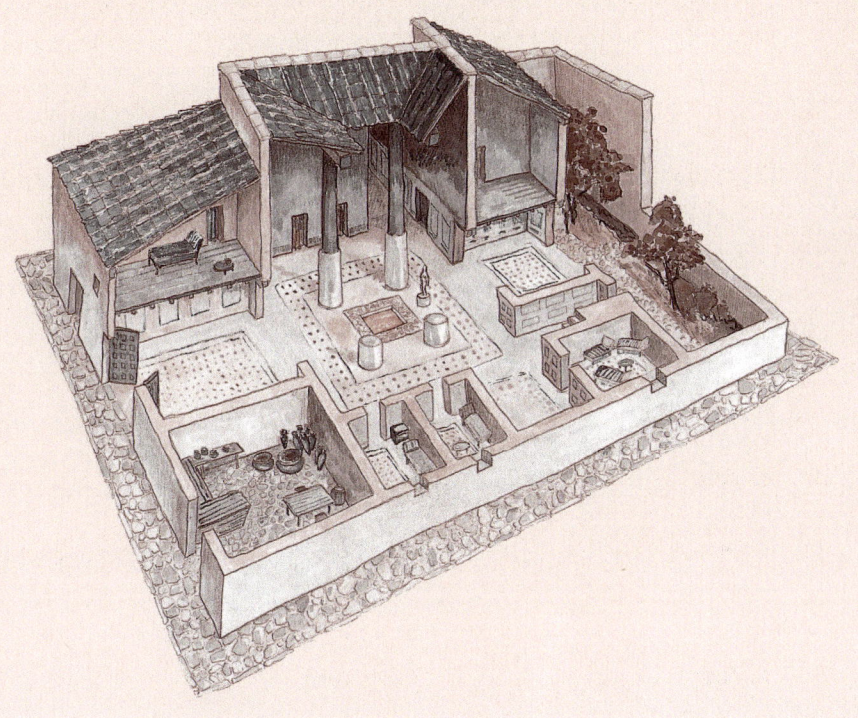

Lektion 3 ◂ MEIN LATEINISCHER WORTSCHATZ

1 **Arbeit in Rom**

Bilde mit Hilfe des Wortspeichers kleine Sätze zu den Bildern. Achtung: Die Objekte musst du natürlich noch in den Akkusativ setzen!

handelnde Personen: asinus, servae, servi
Objekte: cibi, saccus, sacci
Tätigkeiten: portat, complent, parant

LERNORT I *Lektion 3: So lebten die Römer, mein lateinischer Wortschatz*

VOKABELN LERNEN

Lerne mäßig, aber regelmäßig!

Zu Beginn ...   Nach 1,5 Stunden

Nach 2 Stunden   Nach 4 Stunden

Ungefähr eineinhalb Stunden lang kannst du dir neuen Lernstoff gut einprägen. Dann machst du am besten eine Pause. Wenn du ohne Pause weiterlernst, kann in deinem Kopf der gesamte neue Stoff durcheinandergeraten.

Nach nur *einem* Tag hat man ungefähr die Hälfte des Gelernten wieder vergessen, wenn es nicht angewendet oder wiederholt wird! Also:
- Teile dir die Vokabeln ein: 7 Vokabeln sind eine gute Portion. Warte nicht, bis ein Berg von 30, 50, 100 Vokabeln angewachsen ist.
- Wiederhole die Vokabeln regelmäßig, möglichst das erste Mal an dem Tag, an dem du sie gelernt hast!

Welche Lerntechniken gibt es?

Abdecken der deutschen Bedeutungen

Decke im Vokabelverzeichnis die rechte Spalte ab. Dort stehen die deutschen Bedeutungen. Du kannst sie mit der Hand abdecken oder mit einem Blatt Papier. Überlege, welche Bedeutungen zu dem lateinischen Wort passen. Überprüfe dann dein Ergebnis, indem du die Bedeutung(en) aufdeckst.
Stimmt das Ergebnis noch nicht, dann geh zunächst weiter zur nächsten lateinischen Vokabel. Wiederhole später, was du noch nicht wusstest. Dieses Verfahren verlangt keinerlei Vorbereitung.

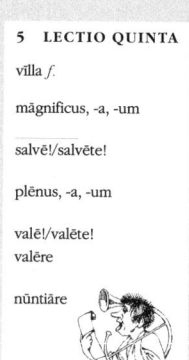 

Lernen mit dem Ampelkasten

Lege für jedes lateinische Wort eine Karteikarte an und lege sie in das rote Fach „Lernen"! Prüfe nun dein Wissen: Lege die Vokabelkarten, die du auf Anhieb konntest, in das gelbe Fach „Wiederholen". Was du noch nicht gut konntest, wandert zurück in das rote Fach „Lernen".
Nimm dir die Karteikarten nach nicht allzu langer Zeit wieder vor: Lege die Karten des gelben Faches, wenn du sie konntest, in das grüne Fach „Wissen", die Karten des roten Faches, wenn du sie konntest, in das gelbe Fach. Lege die Karten des gelben Faches, die du nicht konntest, zurück in das rote Fach. Auch die Karten des roten Faches müssen da bleiben, wenn du sie noch nicht konntest.
Übe so lange, bis alle Karten im grünen Fach gelandet sind!

Vokabelheft

Manche Menschen können sich Dinge gut merken, wenn sie sie (öfter) aufschreiben. Im Vokabelheft kannst du auch zusätzliche Lernhilfen notieren: z. B. verwandte Wörter oder Wörter, die das Gegenteil bedeuten.

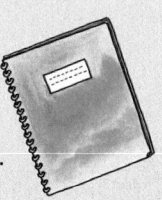

Vokabeln hören
Manche Menschen können sich Dinge gut merken, die sie (oft) hören. Wenn du zu diesem Typ gehörst, kannst du die Vokabeln (lateinisches Wort- Zusatzinformationen- deutsche Bedeutungen) aufnehmen und sie dir vorspielen! Wenn nötig, mehrmals.

Lernen mit anderen
Manche Menschen können sich Dinge gut merken, wenn sie mit anderen zusammen lernen. Wenn ihr euch gegenseitig Vokabeln abfragt – auch in anderer Reihenfolge, als sie im Vokabelverzeichnis stehen – kann das für das Lernen ein großer Vorteil sein. Und Spaß macht es außerdem!

Computerlernprogramme
Der Computer hat viele Vorzüge: Er hat immer Zeit, verliert nie die Geduld und ist unbestechlich. In der Regel erhältst du sofort eine Rückmeldung, ob du die Vokabeln beherrschst. Ein gutes Lernprogramm wie *disco* ermöglicht es dir, die Vokabeln auf vielfältige Weise zu üben.

Welche Lerntechnik ist die beste für dich? Das musst du selbst ausprobieren – die Menschen lernen verschieden, gehören unterschiedlichen Lerntypen an. Wenn du mit einer bestimmten Lerntechnik Vokabeln besonders leicht lernst und lange behalten kannst, ist sie die richtige für dich!

Behalte den Überblick!

Wörter sind in deinem Gedächtnis sozusagen wie in einem Wörterbuch mit einer Erklärung und einem Bild gespeichert. Die Erklärung zu dem Wort „Mann" könnte etwa folgendermaßen lauten: „Mann" bezeichnet ein Geschlecht. Das andere Geschlecht wird durch das Wort „Frau" gekennzeichnet. Es bezeichnet auch eine Altersstufe: Ein Mann ist älter als ein Jugendlicher, aber jünger als ein Opa. „Mann" ist ein Substantiv. Die Mehrzahl lautet „Männer".
Wenn du dir beim Lernen nur die Wortgleichung *vir m. - Mann* merkst, entspricht das nicht der Art und Weise, wie ein gespeicherter Eintrag in deinem Gedächtnis aufgebaut ist. Es fehlen: eine *Erklärung* des Wortes, *Verknüpfungen* mit anderen Wörtern und eine *bildliche Vorstellung*. Du lernst dann ohne Verständnis. Die Gefahr ist groß, dass du diese Vokabel vergisst!
Es empfiehlt sich also, für die Lernvokabeln einen „Steckbrief" anzulegen. Das macht zwar zunächst Arbeit, lohnt sich aber, weil du dir die Vokabeln besser merken kannst!

1 Steckbriefe: Wer oder was ist das? Trage in die Leerzeile die gesuchten Wörter ein.

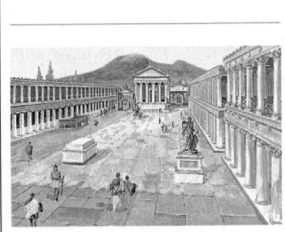

Religiöser, wirtschaftlicher und politischer Mittelpunkt jeder antiken römischen Stadt
Ein offener (apertus,-a,-um) Platz
Umgeben von Gebäuden (aedificia)
Substantiv, o-Dekl., neutrum

Pueri et puellae
Jünger als Männer (viri) und Frauen (feminae),
älter als Babies;
Lieblingsbeschäftigung: Spielen!
O-Dekl., masculinum, nur im Plural!

Dort betritt (intrat) man ein Gebäude (aedificium),
Oft verschlossen, manchmal offen (apertus,-a,-um)
Substantiv, a-Dekl., femininum

Non sedet.
Non appropinquat.
Verb, a-Konjugation

2 Fertige nach diesem Vorbild Steckbriefe zu den Wörtern *familia, festinat, magnus* und *inter* an.

Lektion 1–3 ◀ **TESTE, WAS DU SCHON KANNST**

1 Wortschatz

Gib Bedeutung und Wortart der folgenden Wörter an:

ardet _____ _____

puer _____ _____

semper _____ _____

pulcher _____ _____

inter _____ _____

2 Grammatik

a Vertausche bei folgenden Formen Singular und Plural:

incendium – _____ clamat – _____

portam – _____ servos – _____

dominus – _____ sunt – _____

b Trage die Satzteile ein.

Pueri	inter viros	Quintum	vident.

Nunc	Apollodorus	contentus est.

3 So lebten die Römer

Beantworte folgende Fragen:
Wie hieß der Hof in der Mitte eines römischen Hauses? _____

Wie hieß eine Imbissstube in Rom? _____

Wo stand das *milliarium aureum*? _____

Auswertung: Pro richtiger Angabe gibt es einen Punkt!

26–22 Punkte	21–17 Punkte	16 Punkte und weniger
Du hast den bisherigen Stoff gut gelernt.	Du weißt schon so einiges, kannst dich aber noch verbessern.	Du musst den Stoff der Lektionen 1–3 noch einmal wiederholen.

18 duodeviginti

2 Lernort 2

Lektion 4 ◀ MEINE GRAMMATIK

1 *Die a- und e-Konjugation, esse und posse*

Stelle die Konjugationstabelle mit allen Personalendungen fertig. In der Spalte vor den Verben ist auch Platz für die entsprechenden lateinischen und deutschen Personalpronomen im Nominativ.

Person Anzahl	Personalpronomen Lateinisch Deutsch		a-Konjugation	e-Konjugation	esse	posse
1. Sg.	(	)	clam	time	-m	pos
2. Sg.	(	)	clama	time	-s	pot
3. Sg.	(*	)	clama	time	-t	pot
1. Pl.	(	)	clama	time	-mus	pos
2. Pl.	(	)	clama	time	-tis	pot
3. Pl.	(*	)	clama	time	-nt	pos

* Diese Pronomen kennst du noch nicht.

2 *Personalpronomen*

Natürlich gibt es die lateinischen Personalpronomen auch im Akkusativ. Trage hier noch einmal alle Formen ein.

	Singular		Plural	
Kasus	1. Person	2. Person	1. Person	2. Person
Nom.				
Akk.				

Im Nominativ erscheint das Personalpronomen in einem lateinischen Satz nur manchmal.

Dies ist der Fall, wenn _____

_____ .

3 Lehrreiche „Schmierereien"

a Auch im Alten Rom gab es auf den Wänden der Häuser und öffentlichen Gebäude viel Handgeschriebenes zu lesen. Solche Graffiti findest du auf der folgenden Wand.
Suche alle Sprüche heraus, die einen Infinitiv enthalten, und bestimme, welcher Satzteil er ist. Den Infinitiv erkennst du an der Endung -re. Im Satz kann er als Subjekt oder Objekt vorkommen.

1 amare *lieben*
2 audere *wagen*

Claudiam amo.[1]

Quis magistrum agitare audet?[2]

Orbilius asinus est.

Discipulos laudare licet.

Nonnullos magistros laudare non possum.

Laborare servos non iuvat.

Cunctos amicos salutamus.

Puer puellam pulchram per portam portat.

Amicam novam saluto.

b Schreibe in den folgenden Kästen in die erste Zeile, welcher Satzteil der Infinitiv ist. Ordne dann die Beispiele zu, die du gefunden hast.

Satzteil:

Satzteil:

Lektion 4 ◂ SO LEBTEN DIE RÖMER

Schule in Rom

1 a In den lateinischen Lektionstexten, ihren deutschen Einleitungstexten und dem Informationstext hast du viel über die Schule in Rom erfahren. Stelle dein Wissen noch einmal in der Form einer Mindmap zusammen. Ein Anfang ist bereits gemacht …

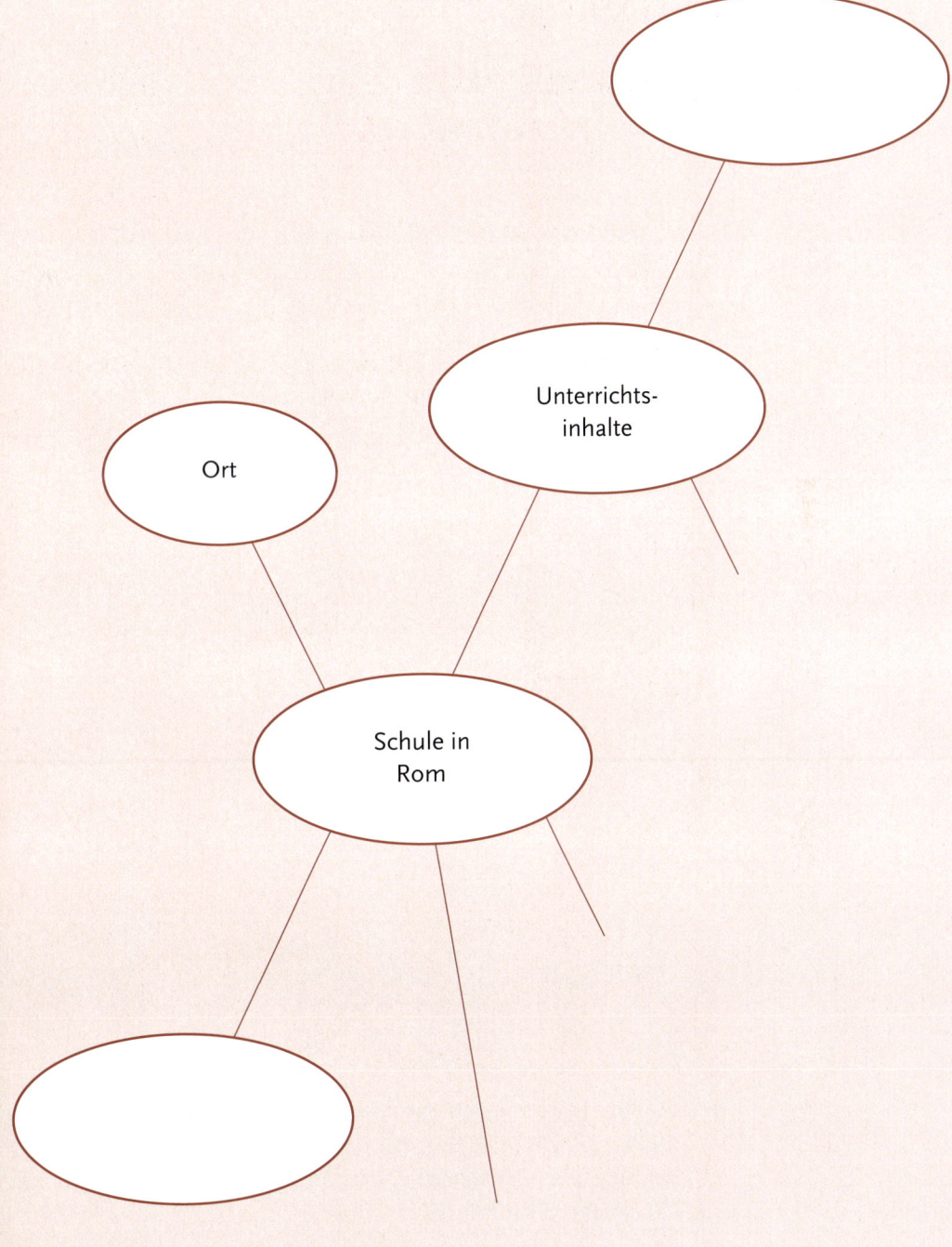

b Die Lehrer in Rom wurden nicht vom Staat bezahlt. Sie waren sozusagen Geschäftsleute, die sich ihre Schüler selbst suchen mussten.
Entwerft eine Wandbemalung, mit der ein römischer Lehrer auf sich aufmerksam macht. Ihr könnt dabei eure Kenntnisse über die römische Schule, den Unterricht, die Materialien usw. einbringen.

LERNORT II *Lektion 4: So lebten die Römer*

Lektion 4 ◀ **MEIN LATEINISCHER WORTSCHATZ**

3 *Schule damals und heute*

a Beschreibe die auf dem Bild dargestellten Tätigkeiten innerhalb und außerhalb einer römischen Schule. Verbinde dazu einen passenden lateinischen Satz jeweils durch einen Pfeil mit der entsprechenden Szene.

Puer ad ludum festinat.
Puellae codicillos apportant.
Vir virum salutat.

Discipula prope viam sedere debet.
Liberi attenti sunt.
Magister litteras Latinas docet.
Puer dormitat.
Discipulus ridet.
Puellae tacent et spectant.

b Und wie denkst du? In die Tabelle kannst du lateinische Argumente für und gegen Schule und Unterricht (nicht nur damals) eintragen, indem du die angefangenen Sätze mit Hilfe der folgenden Bausteine vervollständigst. Vielleicht fallen dir danach ja noch weitere Sätze ein, die du selbst formulierst:

esse • magister • durus / iucundus et bonus • magister • esse / iuvat • cogitare • non / nos • magister • libenter • laudare / magister • contentus • esse • numquam / sedere • debere • semper / debere • esse • attentus / diu • magister • agitare • nos / clamare • semper • magister / posse • numquam • ridere.

Ludus me delectat, nam ...	Ludus me non iuvat, nam ...

22 duo et viginti

Lektion 5 ◀ MEINE GRAMMATIK

1 **Der Dativ**

a Ergänze die Endungen mit Hilfe des Lektionstextes:

Singular:

Kasus	o-Deklination (M.)	a-Deklination (F.)	o-Deklination (N.)
Nominativ	amic	femin	gaudi
Dativ	amic	femin	gaudi
Akkusativ	amic	femin	gaudi

Plural:

Kasus	o-Deklination (M.)	a-Deklination (F.)	o-Deklination (N.)
Nominativ	amic	femin	gaudi
Dativ	amic	femin	gaudi
Akkusativ	amic	femin	gaudi

b Ordne den Kasus richtig zu, wie du nach ihnen fragst und welche Satzteile sie sind:

Dativ • Wen?/Was? • Objekt • Nominativ • Wem? • Objekt • Akkusativ • Wer?/Was? • Subjekt

Kasus	Frage	Satzteil

c Füge nun in die folgenden Sätze die passenden Kasusendungen ein und übersetze dann die Sätze.

1 Gai_____ (us/o/um) iuvat per vi_____ (as/iis/um) festinare.

   Nunc for_____ (a/um/o) appropinquat.

2 Puer_____ (is/um/i) valde gaudent, nam magister fabul_____ (ae/a/am) narrat.

   Itaque magistr_____ (um/o/is) laudant et attent_____ (i/us/um) sunt.

3 Theodorus sollicit_____ (um/o/us) est, quod toga sordida est.

   Medea autem serv_____ (us/um/o) adest et aqu_____ (ae/a/am) apportat.

2 Konjunktionen und Subjunktionen – irgendwie alles gleich?

a Es gibt unterschiedlich zusammengesetzte Satzarten: Eine *Konjunktion* verbindet

_____ .

Diese Verbindung nennt man dann eine _____ .

Wenn eine *Subjunktion* einen _____ und einen

_____ verbindet, spricht man von einem

_____ .

b Markiere in den folgenden Sätzen mit zwei unterschiedlichen Farben alle Konjunktionen und alle Subjunktionen. Unterstreiche anschließend mit denselben Farben die betreffenden Hauptsätze und Nebensätze/Gliedsätze.

1 purgare *reinigen*
2 sordidus, -a, -um *schmutzig*
3 catena f. *Kette*

1. Togam purgare¹ debemus, quod sordida² est.
2. Togam purgare¹ debemus, nam sordida² est.
3. Togam purgare¹ debemus. Vestimentum enim sordidum² est.
4. Toga sordida² est. Itaque servus togam purgara¹ debet.
5. Dum servus togam purgat¹, serva dominae catenam³ praebet.

c Schreibe nun die deutschen Übersetzungen je nach der Art der Satzverbindung in die zur Verfügung stehenden Kästen.

d Markiere jetzt auch in der deutschen Übersetzung Konjunktionen und Subjunktionen, Hauptsätze und Nebensätze/Gliedsätze farbig.

Art der Satzverbindung: _____

Art der Satzverbindung: _____

Lektion 5 ◀ SO LEBTEN DIE RÖMER

Die „Familienausstattung"

1

a Die Römer verstanden unter dem Begriff *familia* etwas anderes als wir heute unter dem Wort *Familie*. Wer gehörte alles zu einer römischen *familia*? Bei der Beantwortung hilft dir der Informationstext über die Gesellschaft der Römer in deinem Buch.

_____

_____

b Hier siehst du nun die Familie des Marcus Livius Maximus. Doch wer ist wer? Welche Familienmitglieder kannst du unterscheiden? Und welche Kleidung tragen die unterschiedlichen Mitglieder eigentlich? Male zunächst die Kleidung der Personen mit unterschiedlichen und (zur Kleidung/Person) passenden Farben aus.

c Ordne jetzt die folgenden Namen und Bezeichnungen den Personen zu:

- Marcus, Cornelia, Titus, Secundus, Livia, Theodorus, Medea
- dominus, domina, filius, filius, filia, serva, paedagogus, pater familias
- vestimenta: toga praetexta, toga virilis, tunica, stola
- ornamenta: fibula, catena, anulus

d Knobelfrage: Wenn Marcus Livius Maximus' Vater, also der *avus* der Familie, noch lebte, welche Veränderungen ergäben sich dann für das Leben in der Familie? Lies noch einmal aufmerksam die Informationen im Buch.

e Kennst du Länder, in denen es heute noch ähnliche Familienstrukturen gibt?

Lektion 5 ◀ MEIN LATEINISCHER WORTSCHATZ

1 Gut gerüstet für den Tag

a Die folgende Abbildung zeigt, wie es morgens im Haus der Familie des Marcus Livius Maximus zugeht.

Wenn du die Wörter aus der Tabelle zu Sätzen verbindest, kannst du die Tätigkeiten beschreiben. Beschrifte zunächst, nach welchen Satzteilen die Spalten der Tabelle sortiert sind.

Secundus	Corneliae	cubiculum	spectat.
Serva	amico	catenam	intrat.
Dominus	–	donum	dat.
Livia	–	ornamenta	portat.

b Was aber hat der *dominus* vor, der das Haus verlassen hat? Ordnest du alles richtig zu, erhältst du die Lösung.

2 Ein rätselhaftes Versteck

d	u	i	n	t	r	a	r	e
v	o	s	p	i	n	r	a	m
i	t	n	o	v	u	s	n	d
n	e	l	p	i	t	a	b	u
u	r	c	u	t	d	s	e	b
m	v	f	l	a	m	m	a	i
l	x	e	u	a	s	e	s	t
u	c	a	s	i	r	g	u	a
h	a	l	c	b	q	u	a	r
p	u	b	l	i	c	u	s	e

clear • (to) doubt • (to) enter • flame • new • people • public • wine

Diese englischen Wörter haben ihre lateinischen Partner verloren. Finde sie.

Lektion 6 ◀ **MEINE GRAMMATIK**

1

a *Der Genitiv*

Ergänze die Endungen mit Hilfe des Lektionstextes.

Singular:

Kasus	o-Deklination (M.)	a-Deklination (F.)	o-Deklination (N.)
Nominativ	amic	femin	gaudi
Genitiv	amic	femin	gaudi
Dativ	amic	femin	gaudi
Akkusativ	amic	femin	gaudi

Plural:

Kasus	o-Deklination (M.)	a-Deklination (F.)	o-Deklination (N.)
Nominativ	amic	femin	gaudi
Genitiv	amic	femin	gaudi
Dativ	amic	femin	gaudi
Akkusativ	amic	femin	gaudi

b Der Genitiv hängt sehr oft von einem Substantiv ab, das er – wie ein Attribut – näher erläutert. Deswegen erfüllt er im Satz dann die Aufgabe eines

Genitiv-_____ . Er gibt dabei oft ein _____-

oder Zugehörigkeitsverhältnis an.

c Bilde den Genitiv des in der Klammer stehenden Wortes und übersetze dann beide Wörter:

amicus (Marcus) _____ Übersetzung: _____

magister (Cornelia) _____ Übersetzung: _____

porta (templum) _____ Übersetzung: _____

gaudium (pueri) _____ Übersetzung: _____

tunica (dominae) _____ Übersetzung: _____

2 *Das Possessivpronomen, ein weiteres Chamäleon*

Einen Besitz oder eine Zugehörigkeit bezeichnet auch das Possessivpronomen. Genauso wie das Adjektiv ist es ein Chamäleon und stimmt mit dem Substantiv, auf das

es sich bezieht, in _____ , _____ und

_____ überein.

a Trage die Nominativ-Formen der Possessivpronomen in die Tabelle ein:

Singular:

Kasus	o-Deklination (M.)	a-Deklination (F.)	o-Deklination (N.)

Plural:

Kasus	o-Deklination (M.)	a-Deklination (F.)	o-Deklination (N.)

b Unter den folgenden Pronomen sind einige Possessivpronomen. Markiere sie.

ego • nostro • te • tuos • tibi • noster • vestram • mihi • tuum • meus • vobis • nos •

tua • me • nostrarum • meae • vestris • meam

c Suche diejenigen Possessivpronomen heraus, die du den Formen der folgenden Substantive zuordnen kannst:

hortus _____, toga _____, statuam _____,

gaudium _____, vino _____, gladios _____.

3 Verben, Verben

Ergänze die Tabelle. Die angegebene Form nennt dir das Verb. Du kannst auch die zu ergänzende grammatikalische Form ermitteln. In den Zeilen sollen waagerecht die Formen eines Verbs stehen. Trage zunächst in die erste Zeile ein, welche Form jeweils in den übrigen Zeilen zu ergänzen ist.

2. Sg.	1. Pl.							
vides	videmus							
	sumus							
		it						
		portant						
			taceo					
				parate				
					posse			
						specta		
							ridetis	

Lektion 6 ◀ SO LEBTEN DIE RÖMER

Die modernen Gladiatoren

1 Auch in unserer Zeit gibt es noch Veranstaltungen, die den damaligen Gladiatorenspielen sehr ähnlich sind. Diese Veranstaltungen rufen eine starke Diskussion hervor. Ein Beispiel dafür siehst du auf dem Plakat, das sich mit einer solchen Veranstaltung auseinandersetzt.

manifestatio *Offenbarung (von* manifestare *sichtbar machen, deutlich zeigen)*

taurus *Stier*

platea *Straße, Gasse; freier Platz im Haus, Hof*

a Kannst du anhand der Wörter und des Bildes erkennen, was es ankündigt? Um welche Sprache handelt es sich?

b Informiere dich über diese aktuellen „Spiele auf Leben und Tod" und die Reaktionen, die sie hervorrufen. Veranstaltet in eurem Kurs eine Diskussion darüber, nachdem ihr zunächst Argumente für und gegen diese Veranstaltungen gesucht habt.

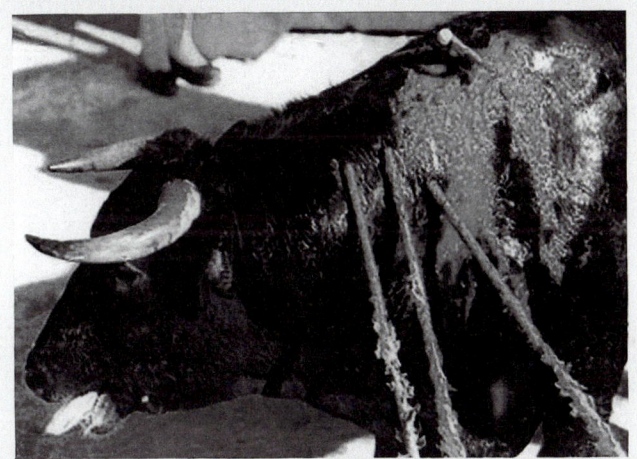

Lektion 6 ◀ MEIN LATEINISCHER WORTSCHATZ

1 *El español – una hija del latín*

Wie viel du schon mit deinen Latein-Kenntnissen von anderen modernen Sprachen verstehen kannst, siehst du im folgenden kleinen Text, der zum Plakat oben passt. Versuche, ihn zu übersetzen.

El público siempre espera un gran espectáculo. Arde de pasión. La vida del torero está en peligro. Finalmente el toro está muerto. Los espectadores en la tribuna están contentos.

DEN INHALT EINES TEXTES ERSCHLIESSEN

Überblick ist wichtig!

Das ist dir vielleicht schon aufgefallen: Texte, mit deren Inhalt du vertraut bist, lassen sich viel leichter übersetzen als unbekannte Texte. Du kannst dir leicht das Thema eines Textes erschließen, wenn du dir systematisch einen Überblick verschaffst!

Überblick gewinnen durch ...

- **Merkmale des Textes** – Das können sein: Überschrift, deutscher Einleitungstext, aber auch Satzzeichen und die Art und Weise, wie der Text aufbereitet ist (z.B. ständiger Wechsel in direkter Rede: Personen reden miteinander; Text ohne Unterbrechungen in direkter Rede: Es wird etwas erzählt oder über etwas nachgedacht). Absätze können zeigen, dass etwas Neues passiert oder über etwas Neues nachgedacht wird. Auch eine Abbildung zum Text kann dir Hinweise geben.

- **Wortwiederholungen** – Texte haben immer ein Thema, und wenn ein Thema besprochen wird oder Menschen über ein Thema reden, wiederholen sie Worte, die zu dem Themenfeld gehören. Diese Eigenheit von Texten kann man sich zu Nutze machen, indem man die Wörter sammelt, die mehr als einmal vorkommen, und schon erschließt sich das Thema des Textes! (Fällt dir etwas auf, wenn du dir die letzten beiden Sätze anschaust?) Zweckmäßig ist es, sich dabei auf Nomen (Eigennamen, Substantive, Adjektive) und Verben (aber nicht *esse!*) zu beschränken.

- **Kenntnisse über das Thema** – Wenn du dir nun das Thema des Textes erschlossen hast, solltest du dir klarmachen, was du schon alles über das Thema weißt oder dich über das Thema informieren, denn: Je mehr du über das Textthema weißt, desto leichter fällt dir das Übersetzen!

Beispiel

Ludos spectare Romanos delectat. Itaque libenter in amphitheatrum magnificum eunt, ubi viri pugnant. Ibi non solum bestiae, sed etiam multi viri pereunt. Et audacia virorum et saevitia[1] bestiarum Romanis placet. Dum viri pugnant, populus clamat: „Necate! Pugnate!" Ludos Romani semper desiderant.

[1] saevitia f. *Grausamkeit*

Erster Erschließungsschritt: Merkmale des Textes

Die Prädikate stehen in der 3. Person Singular und Plural; es handelt sich also um einen Bericht oder eine Erzählung. Der vorletzte Satz ist in direkter Rede, die Prädikate sind Imperative im Plural; mehreren Personen werden also Anweisungen bzw. Befehle gegeben. Die Abbildung neben dem Text zeigt eine Kampfszene im Amphitheater. Vielleicht behandelt der Text dieses Thema ...

Zweiter Erschließungsschritt: Wortwiederholungen

Mehr als einmal findet man die Substantive und Verben
ludos, ludos: Spiele – aber was für welche?!
Romanos, Romanis, Romani: Wie immer- die Römer sind beteiligt!
viri, viri, virorum, viri: Männer spielen hier eine Rolle …
bestiae, bestiarum: … und wilde Tiere!
pugnant, pugnant, pugnate: Es wird gekämpft.

Bei den Spielen könnte es sich um Gladiatorenspiele handeln: Dafür spricht die Kombination aus Männern, wilden Tieren und dem Verb „kämpfen".

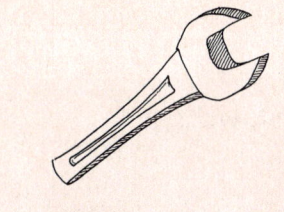

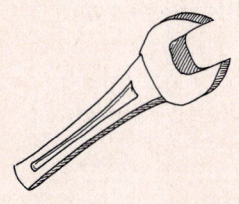

Dritter Erschließungsschritt: Kenntnisse über das Thema

Textthema ist also ein Bericht über Gladiatorenspiele; in deinem Lehrbuch findest du Infotexte zu vielen Themen – schau doch mal ins Inhaltsverzeichnis, ob es auch zu diesem Thema etwas gibt!
Im Text kommt auch das Wort amphitheatrum vor- viele Begriffe sind im Namen- und Sachregister erläutert, vielleicht wirst du dort fündig!

1 ■ Erschließe dir den Inhalt des folgenden Textes in drei Schritten.

Vita servorum misera[2] est, nam servi liberi[3] non sunt. Nonnumquam servis domini duri sunt. Officium servorum est dominis parere[4] et laborare.
Quam durum est semper laborare!
Itaque vita servis non placet; cuncti servi libertos[5] esse desiderant[6].

Schritt Nr. 1: Merkmale des Textes

_____
_____

Figur eines Jungen, der als Sklave arbeitete (aus Tarent, 300 v. Chr.)

Schritt Nr. 2: Wortwiederholungen

_____
_____
_____

2 miser, misera, miserum *unglücklich, elend*

3 liber, libera, liberum *frei*

4 parere *gehorchen*

Schritt Nr. 3: Kenntnisse zum Thema

_____
_____
_____

5 libertus m. *Freigelassener*

6 desiderare *wünschen*

2 ■ Jetzt fällt dir das Übersetzen sicherlich leicht!

LERNORT II *Den Inhalt eines Textes erschließen*

Lektion 1–6 ◀ **TESTE, WAS DU SCHON KANNST**

1 *Grammatik*

Vertausche Singular und Plural:

1. dubito – _____
2. claris – _____
3. mihi – _____
4. statuae – _____
5. tuo – _____
6. eo – _____
7. officium – _____
8. times – _____
9. est – _____
10. clama – _____
11. magister – _____
12. templi – _____

12/11 Angaben richtig	10/8 Angaben richtig	weniger als 8 richtig
Du hast keine Probleme.	Du solltest die Deklinationen sorgfältig wiederholen.	Du musst nochmals die Deklinationen und Konjugationen lernen.

2 *Wortschatz*

inter • neque • vir • per • sacer • viae • aut • prope • quod • altus • dum • porta • enim • itaque • apud • alius • sed • ad • cuncti • claris • autem • nam • etiam • et • in • iucundum • ante • puram

Suche alle Präpositionen, Konjunktionen und Subjunktionen heraus.

Präpositionen	Konjunktionen	Subjunktionen

18–16 Angaben richtig	15–12 Angaben richtig	weniger als 12 richtig
Du hast die Vokabeln im Griff und brauchst keine Überprüfung zu fürchten.	Du musst regelmäßig Vokabeln wiederholen. Nimm dir feste Lernzeiten vor. Nutze das Training im Arbeitsheft S. 16/17.	Dein Wortschatz ist zu lückenhaft. Wiederhole Vokabeln an festen Terminen (Tipps gibt das Methodentraining S. 16/17).

3 *Kulturgeschichte*

Richtig oder falsch?

1. Die Sklaven in Rom trugen eine Toga.
2. Der Gladiator heißt so, weil er mit einem Schwert kämpft.
3. Am Tag der Volljährigkeit durfte ein Junge erstmals eine Toga anlegen.
4. Die Römer hatten wie wir einen Vor- und einen Nachnamen.
5. Frauen hatten in ihren Familien keinerlei Mitbestimmungsrechte.

recte	false

5 Angaben richtig	4 Angaben richtig	weniger als 3 richtig
Du hast keine Probleme.	Du solltest die Informationstexte der Lektionen 1–6 noch aufmerksamer lesen.	Du musst nochmals die Informationstexte der Lektionen 1–6 durcharbeiten.

3 Lernort 3

Lektion 7 ◀ MEINE GRAMMATIK

1 Kasus vollständig!

Bei den Substantiven kennst du jetzt alle Formen; trage sie zur Übersicht hier ein:

Singular:

Nom.	amic|us	amic|a	gaudi|um
Gen.	amic-	amic-	gaudi-
Dat.	amic-	amic-	gaudi-
Akk.	amic-	amic-	gaudi-
Abl.	amic-	amic-	gaudi-

Plural:

Nom.	amic-	amic-	gaudi-
Gen.	amic-	amic-	gaudi-
Dat.	amic-	amic-	gaudi-
Akk.	amic-	amic-	gaudi-
Abl.	amic-	amic-	gaudi-

2 Der Ablativ

a Der Ablativ ist ein Vielzweckkasus. Er umfasst verschiedene Bedeutungsbereiche. Man unterscheidet drei große Bereiche. Trage die passenden Fragewörter ein:

I. Zeitpunkt   Fragewort: _____

II. Ausgangspunkt oder Trennung   Fragewörter: _____

III. Mittel   Fragewort: _____

b Notiere jeweils das passende Fragewort und den Bedeutungsbereich des Ablativs:

1. Femina virum *dono* delectat. Frage: _____ Bereich: _____

2. *Nona hora* viri in amphitheatrum redeunt. Frage: _____ Bereich: _____

3. Servus dominum *vino* delectat. Frage: _____ Bereich: _____

4. Servus ignotus familiam *pecunia* spoliat. Frage: _____ Bereich: _____

5. Titus *proximo anno* in Graeciam ire cogitat. Frage: _____ Bereich: _____

6. Ibi viri *curis* liberi non sunt. Frage: _____ Bereich: _____

c Sammle aus Text 1 im Buch die Ablative und ordne sie in die Tabelle ein:

Ablativ des Mittels	Ablativ der Art und Weise	Ablativ der Trennung oder des Ausgangspunktes	Ablativ der Zeit
Womit? Wodurch? Mit wem?	Wie?	Wovon? Woher?	Wann?

2 SIEHTAUSWIEEINERISTABERKEINER

Untersuche alle Wörter, ob sie
– auch Ablativ sein können,
– nicht Ablativ sein können,
und sortiere sie ein.

amo • amico • annis • arma • consilio • deis • dona • gladio • eo • loco • narro • officiis • peris • populis • potestis • pueris • quis • reditis • subito

Kann auch Ablativ sein	Kann nicht Ablativ sein

Lektion 7 ◄ SO LEBTEN DIE RÖMER

Warum Sklaven einen Aufstand machen

1 In den Jahren 73–71 v. Chr. kam es in Italien unter der Führung des Gladiators Spartakus zu einem großen Sklavenaufstand. Wegen der Lebensbedingungen der Sklaven kann man sich gut vorstellen, warum es immer wieder zu Aufständen kam. Trage die Gründe anhand der Aussagen über das Leben der Sklaven in Text 1 von Lektion 7 zusammen.

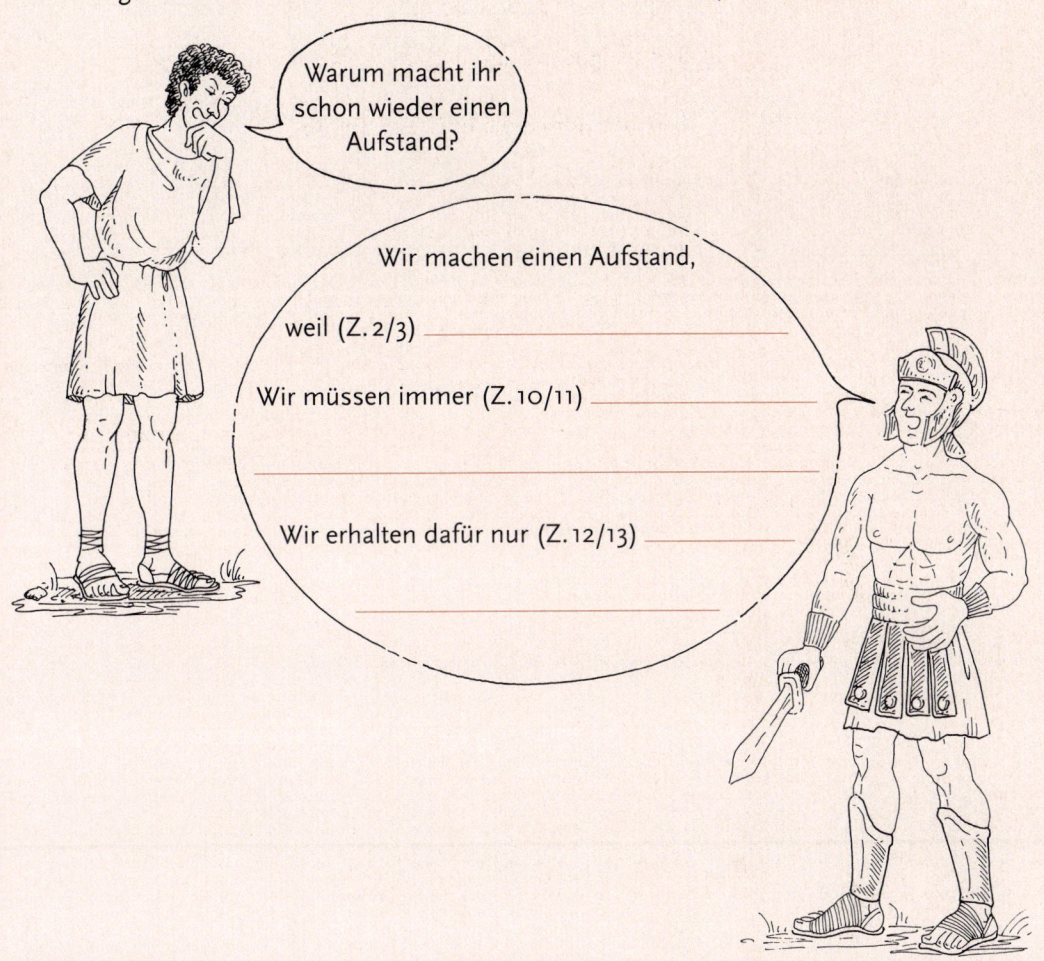

Warum macht ihr schon wieder einen Aufstand?

Wir machen einen Aufstand,

weil (Z. 2/3) _____

Wir müssen immer (Z. 10/11) _____

_____

Wir erhalten dafür nur (Z. 12/13) _____

_____

2 **Spartakus-Quiz**

a Überlege, warum die Sklaven anfangs leicht die römischen Soldaten besiegen konnten.

b Wie konnten die Sklaven aus den Schluchten des Vesuvs entkommen?

c Wohin wollte Spartakus mit seinen Sklaven ziehen?

d Wie endete der Aufstand des Spartakus?

e In welchem geschichtlichen Zusammenhang taucht der Name des Spartakus immer wieder auf? (Informiere dich!)

Lektion 7 — MEIN LATEINISCHER WORTSCHATZ

1 Die Ansprache des Spartakus

a Wiederhole die Vokabeln der Lektion 6. Dann kannst du leichter die richtige Lösung finden. Am Latein-Projekttag spielt die Klasse 6 b Szenen aus dem Leben des Spartakus. Dorothea und Ali möchten die Rede des Spartakus an seine Mitkämpfer in der Schülerzeitung auf Deutsch wiedergeben. Einige Wortpaare konnten Dorothea und Ali nicht übersetzen, sie haben sie nur noch schnell in der Grundform notiert. An diesen Stellen musst du die Übersetzung jetzt ergänzen.

Socii _____, durch

audacia vestra _____ habt

ihr euren ehemaligen Herren eine *poena iusta*

_____ zufügen

können. Wir haben *officium nostrum*

_____ gut erfüllt und

werden *gloria magna* _____

_____ erwerben.

Sie hatten doch nur wenig *misericordia*

_____

_____ für uns. Jetzt wollen wir

gemeinsam versuchen, *patria nostra*

_____

_____ zu erreichen, damit wir

dort eine *vita iucunda* _____

_____ führen können.

b Überlege, welche Wörter wohl ein Konsul in einer Rede benutzen wird, in der er Maßnahmen gegen die aufständischen Sklaven befiehlt; streiche die eher unpassenden Wörter:

pugnare • amare • perire • necare • donum • gladius • poena • deus • supplicium • gratia • littera

c Notiere weitere Wörter aus dem Wortschatz der Lektion 7, die zu einer solchen Rede passen:

_____

_____

Lektion 8 ◂ MEINE GRAMMATIK

1 Imperfekt und Perfekt

a Trage die neuen Verbformen ein:

		clamare	timere	esse	posse	ire
Imperfekt	3. Pers. Sg.	clama-	time-	___-t	pot-	i-
	3. Pers. Pl.	clama-	time-	___-nt	pot-	i-
Perfekt	3. Pers. Sg.	clamav-	timu-	fu-	potu-	i-
	3. Pers. Pl.	clamav-	timu-	fu-	potu-	i-

b Die Römer verwendeten das Imperfekt und Perfekt anders als wir im Deutschen das Perfekt und Präteritum. Man kann also nicht einfach lateinisches Perfekt mit deutschem Perfekt übersetzen.

Beispiel:
Decem annos Graeci Troianos superare non poterant. (*Hintergrund*)
Tum Graeci Troianos dolo[1] superaverunt. (*Vordergrund*)

dolus, -i m. *List*

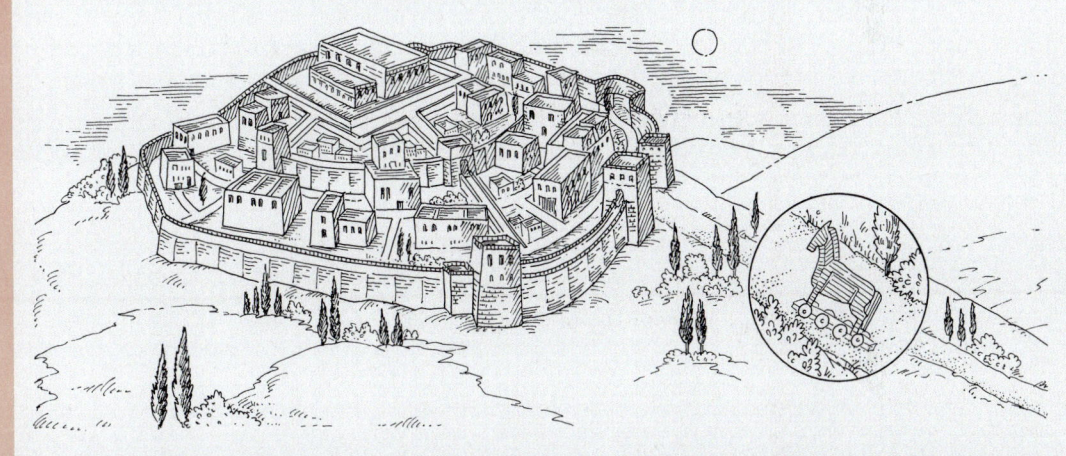

Wie bei einem Film benutzen die Römer für die Schilderung des (oft lange dauernden)

Hintergrunds einer Handlung das _____.

Wenn dann die spannende Handlung im Vordergrund einsetzt, benutzen sie das

_____.

Im Deutschen wird in beiden Fällen das Präteritum verwendet. Daraus ergibt sich folgende Übersetzung der Sätze:
Zehn Jahre lang konnten die Griechen die Trojaner nicht besiegen.
Dann besiegten die Griechen die Trojaner durch eine List.

c Suche aus Text 2 im Buch (Z. 1–13) die Perfekt- und Imperfektformen heraus. Unterscheide dabei die unterschiedliche Perfektbildung (u- und v-Perfekt).

Imperfekt	u-Perfekt	v-Perfekt	andere Perfektformen

d Alles Vergangenheit? Ordne die folgenden Verbformen ein:

delet • probat • paruit • errat • aderat • curat • ibat • amavit • postulabat • festinat • iuvat • praebuit • dubitat • placuit • poterat • intrabat • docuit • debet • licuit • dabat • habitat • portavit • parabat • periit • delevit • narravit • habet

Imperfekt	Perfekt	Keine Vergangenheit

Lektion 8 ◀ **SO LEBTEN DIE GRIECHEN UND RÖMER**

Sagenhafte Trojaner

1 Hier findest du sie alle, aber leider ziemlich verwirrt: Ordne sie ein.

SIPAR	SEXULI	SYSDOSEU
ROTECH	LOSAMEEN	
SELLACHI	SAENAE	

Auf der Seite der Griechen	Auf der Seite der Trojaner

Sprichwörtlich

2 Viele der sagenhaften Trojaner und Griechen sind inzwischen sprichwörtlich geworden. Ebenso manche Ereignisse und Dinge, die im trojanischen Sagenkreis eine wichtige Rolle spielen.
Überprüfe deine Kenntnisse und ergänze jeweils das passende Wort:

a Der Teil des Fußes eines bestimmten griechischen Helden ist die _____ _____ . Man benutzt diesen Ausdruck, um eine besonders verwundbare Stelle zu bezeichnen.

b Ein Reittier vor Troja (auf dem man gar nicht reiten konnte) war das:

_____

_____

Man benutzt das Tier heute gern, um unliebsame Gäste im Computer zu bezeichnen.

c Die Griechen nannte man auch Danaer, daraus ist das *Danaer-Geschenk* geworden. Es bezeichnet heute ein besonders schönes/teures/gefährliches Geschenk. (Streiche die falschen Wörter.)

d Eine besonders schöne Frau wird auch heute noch verglichen mit der schönen

_____ .

e Es gibt auch noch andere Gestalten aus den Geschichten um Troja, die sprichwörtlich geworden sind: *Kassandra, Nestor, Odysseus*.

Informiere dich, warum sie sprichwörtlich geworden sind und was man bei der Benutzung ihres Namens jeweils meint. Begonnen hat dabei alles mit einem *Zankapfel*. Auch diese Geschichte wirst du finden.

LERNORT III *Lektion 8: So lebten die Griechen und Römer*

Lektion 8 — MEIN LATEINISCHER WORTSCHATZ

1 Gut gelernt ist halb gewonnen

Wiederhole die Vokabeln der Lektion 7. Ergänze in der Tabelle die fehlenden Formen und gib die Bedeutungen an:

Infinitiv	Imperfekt	Perfekt	Bedeutungen
probare	probabat		
sperare	sperabant		
tolerare		toleravit	
		curaverunt	
spoliare	spoliabant		
expugnare		expugnaverunt	
terrere	terrebant		
		paruit	

2 Was gehört zusammen?

Suche die passenden Pärchen und gib jeweils eine treffende Übersetzung an:

magna cura _____

proelium miserum _____

arma nostra _____

aequus animus _____

proximus annus _____

magnum imperium _____

consilium aequum _____

Befehl • Herrschaft • Reich/Sorge • Sorgfalt/Absicht • Wille • Plan • Vorschlag/Kampf • Schlacht/Geist • Gemüt • Charakter/Waffen/Jahr

eben • (gleich)mäßig • gerecht • ruhig/groß/nächster • nächstgelegen/ unglücklich • elend/unser/groß/eben • (gleich)mäßig • gerecht • ruhig

Lektion 9 ◂ MEINE GRAMMATIK

1 *(Im)perfektformen vollständig!*

Trage die vollständigen neuen Verbformen hier ein:

	clama|re	habe|re	esse	posse	ire
Imperfekt					
1. Pers. Sg.	clama-	habe-	era-	pot-	i-
2. Pers. Sg.	clama-	habe-	era-	pot-	i-
3. Pers. Sg.	clama-	habe-	era-	pot-	i-
1. Pers. Pl.	clama-	habe-	era-	pot-	i-
2. Pers. Pl.	clama-	habe-	era-	pot-	i-
3. Pers. Pl.	clama-	habe-	era-	pot-	i-
Perfekt					
1. Pers. Sg.	clamav-	habu-	fu-	potu-	i-
2. Pers. Sg.	clamav-	habu-	fu-	potu-	i-
3. Pers. Sg.	clamav-	habu-	fu-	potu-	i-
1. Pers. Pl.	clamav-	habu-	fu-	potu-	i-
2. Pers. Pl.	clamav-	habu-	fu-	potu-	i-
3. Pers. Pl.	clamav-	habu-	fu-	potu-	i-

2 *Präpositionen – mal so, mal anders*

a Ordne die folgenden Präpositionen richtig ein:

ad • sine • a/ab • e/ex • propter • pro • ad • de • cum • ante

Beim Ablativ	Beim Akkusativ

b Und die Präposition *in*?

Die Präposition *in* steht beim _____ und _____

Aeneas Troia *in patriam novam* navigavit.   Frage: _____

Troiani *in patria nova* alieni erant.   Frage: _____

3 Adverb und Verb

a Sammle aus Text 1 von Lektion 9 im Buch alle Adverbien und alle Präpositionalgefüge:

Adverb	Präpositionalgefüge
(Z. 2) strenue	(Z. 2) pro patria
(Z. 4)	(Z. 3) mecum
(Z. 7)	(Z. 6)
	(Z. 7)
	(Z. 7)
	(Z. 8)
	(Z. 8)
	(Z. 9)

b Unterstreiche alle Wörter, die Adverb sind; bestimme genau die restlichen Wörter:

sine • ride • publice • posse • neque • plene • place • ignote • habe • mane • ignave • gaude • domine • adeste • aeque • alte • amice • ample • atque • certe • clare • dare • fere • itaque • parete

c Ordne die folgenden Wörter richtig ein:

perii • varii • arcui • transii • caeli • studebas • filias • pugnam • probabam • curo • telo • animus • superamus • probamus • spoliabamus • expugnavimus • terruimus • proximus • speramus

Präsens	Imperfekt	Perfekt	kein Verb

Lektion 9 ◄ **SO LEBTEN DIE RÖMER**

Wie aus Troja Rom wurde

1 Ergänze die Lücken.

Auf Befehl der Götter floh Aeneas aus dem brennenden _____.
Dabei verlor er seine Frau _____.
Mit sich nahm er seinen Sohn _____ und seinen alten Vater _____.

Auf der Flucht musste Aeneas viel Leid ertragen.
Sein Vater starb auf der Insel _____.
An der Küste Libyens traf er _____, die Königin Karthagos.
Er verliebte sich, musste sie aber auf Befehl der _____ verlassen.
Auf der Weiterfahrt begegnete er in Cumae der Priesterin _____.
Sie führte ihn in die Unterwelt. Dort traf er seinen _____.
Er zeigte ihm sein Schicksal und das seiner Nachkommen. Das machte ihm wieder Mut.
In Latium gründete Aeneas nach vielen Kämpfen die Stadt _____.
Mehr als 400 Jahre später gebar die Vestalin Rhea Silvia die Zwillinge _____.

Diese beschlossen, eine neue Stadt zu gründen, sie wurde _____ genannt.

Lektion 9 ◄ **MEIN LATEINISCHER WORTSCHATZ**

1 *Klein, aber gemein*

a Wiederhole die Vokabeln der Lektion 8. Im folgenden Gitterrätsel sind die kleinen Wörter versteckt. Du kannst das Rätsel von links nach rechts, von oben nach unten, von rechts nach links und diagonal lesen. Trage die kleinen lateinischen Wörter neben ihren Bedeutungen ein:

B	H	P	J	H	M	Y	Z	K
H	E	O	E	Q	I	A	K	N
M	K	S	S	A	T	Q	U	E
I	U	T	Q	I	A	F	E	M
P	P	R	O	P	T	E	R	A
C	L	E	E	X	S	G	U	T
J	H	M	X	T	E	R	E	F
Q	Q	O	L	C	I	O	S	X
V	A	E	U	Q	I	N	E	D

wegen- _____

schließlich, endlich, zuletzt _____

sofort _____

dennoch, trotzdem _____

so _____

wiederum, zum zweiten Mal- _____

und (5 Buchstaben) _____

b Notiere, welche dieser Wörter keine Adverbien sind: _____

FORMEN: WORTBAUSTEINE

Entscheidend: Das Ende!

Vielleicht hast du schon ein wenig gestöhnt, dass du im Vergleich zu Englisch viele Formen auswendig lernen musst. Dabei ist der Lernaufwand gar nicht so groß. Lateinische Wörter sind nach einem klaren Bauplan gebildet: In der Regel wird nur das Wortende verändert, und auch diese Veränderung läuft planmäßig ab. Diesen Bauplan und die einzelnen Wortbausteine lernst du auf dieser Doppelseite kennen. Du kannst dir dadurch viel Lernarbeit sparen!

Wortbausteine

Zunächst einmal ist es nützlich, sich Grundlegendes klarzumachen: Es gibt nur zwei „Sorten" von Wörtern, die verändert werden. Einmal sind das die Nomen. Dazu gehören Substantive (z. B. *Veränderung*) und Adjektive (z. B. *veränderlich*), zum anderen sind es Verben (z. B. *verändern*).
Die Bildung verschiedener Formen nennt man bei Nomen Deklination, bei Verben Konjugation. Je nachdem, ob dekliniert oder konjugiert wird, kann man zwei Grundbaupläne unterscheiden:

▶ **Deklination**

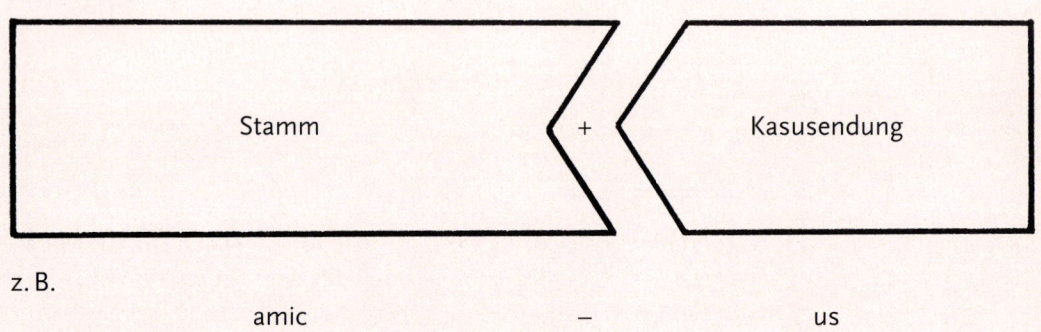

| Stamm | + | Kasusendung |

z. B.

amic — us

Um die Deklinationsformen von amicus unterscheiden zu können, musst du also nur die restlichen Endungen der o-Deklination wissen – und diese Endungen gelten für alle Maskulina der o-Deklination! Nach diesem Prinzip „funktionieren" alle Deklinationen. Der Wortstamm „verrät" dir die Bedeutung des Wortes, die Endung zeigt dir den Kasus an.

▶ **Konjugation**

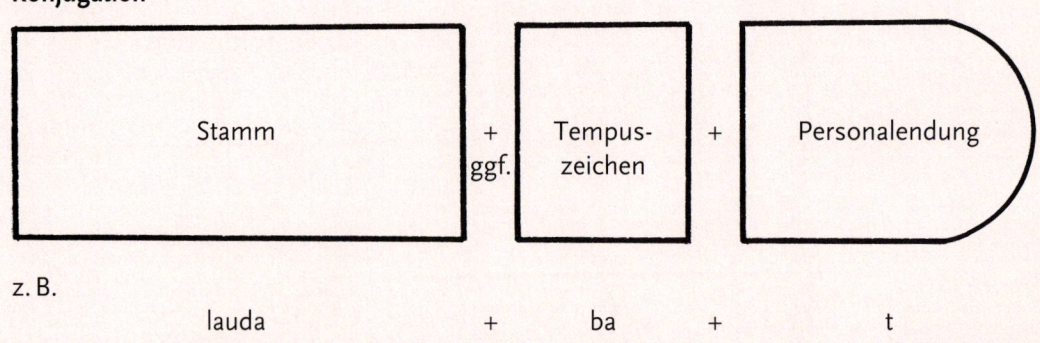

| Stamm | + ggf. | Tempuszeichen | + | Personalendung |

z. B.

lauda + ba + t

Um eine Verbform übersetzen zu können, musst du die einzelnen Verbbausteine richtig identifizieren. Für unser Beispiel gilt:
- *lauda-*, der Verbalstamm, gibt dir die Bedeutung an;
- *ba-*, das Tempuszeichen, signalisiert dir, dass der Sprecher im Imperfekt erzählt;
- die Personalendung zeigt dir, dass eine 3. Person im Singular handelt.

Tipps und Regeln

Folgende Tipps und Regeln ersparen dir einige Lernarbeit:

▸ Der Dativ und Ablativ im Plural sind in allen Deklinationen gleich. Du brauchst dir also neben dieser Regel nur jeweils eine Endung merken!
▸ Bei allen Nomen im Neutrum sind Nominativ und Akkusativ gleich, und zwar jeweils im Singular und Plural!
▸ Bei allen Nomen im Neutrum enden in allen Deklinationen Nominativ und Akkusativ Plural auf -a!
▸ Sehr wichtige Informationen (Kasus, Numerus, Genus, Tempus, Person) werden dir am Wortende gegeben. Richte deine Aufmerksamkeit also aufs Wortende. Wenn du ganz sicher gehen willst, dann beginne deine Formenanalyse am Wortende!

1 Zerlege die folgenden Wörter in ihre Formenbausteine und sortiere sie in die entsprechenden Felder des Formenbaukastens ein.
Amico • ridebant • intras • curas • dona • armis • deos • pugnae • erro • templo • ludi • parabam

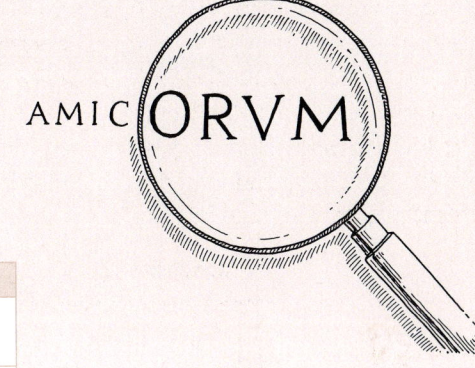

Stamm	Kasusendung

Stamm	Tempuszeichen	Personalendung

2 Wer kann aus diesen Wortbausteinen die meisten neuen Wörter bilden?

3 Welche Endungen sind mehrdeutig? Was hilft dir bei der Beschäftigung mit lateinischen Texten, solche Formen eindeutig zu identifizieren?

LERNORT III *Formen: Wortbausteine*

Lektion 1–9 ◂ **TESTE, WAS DU SCHON KANNST**

Der folgende Test soll dir zeigen, wie erfolgreich du bislang gearbeitet hast.
Du kannst die Auswertung selbst vornehmen und dann selbst versuchen, deine Lücken zu schließen. Grundlage für den Test ist die Geschichte vom heiligen Martin in claro 1.

1 Wortschatz

Schreibe alle gelernten Bedeutungen der Wörter auf:

tandem (Z. 1) _____	autem (Z. 7) _____
oppidum (Z. 1) _____	adesse (Z. 8) _____
subito (Z. 2) _____	semper (Z. 9) _____
prope (Z. 2) _____	cur (Z. 9) _____
vir (Z. 2) _____	liberi (Z. 10) _____
videre (Z. 2) _____	terrere (Z. 10) _____
cogitare (Z. 3) _____	studere (Z. 11) _____
miser (Z. 5) _____	iuvat (Z. 14) _____
stare (Z. 6) _____	delere (Z. 15) _____
spectare (Z. 6) _____	vita (Z. 17) _____

Notiere die zusätzlichen Angaben im Vokabelverzeichnis und gib die jeweilige Wortart an:

plenus (Z. 18) _____	perire (Z. 22) _____
cura (Z. 21) _____	subito (Z. 22) _____

Auswertung:

24–20 Angaben richtig	19–15 Angaben richtig	Weniger als 15 Angaben richtig
Du hast die Vokabeln im Griff: Regelmäßige Wiederholung sichert deinen guten Wortschatz; du brauchst keine Überprüfung zu fürchten.	Du musst deine Vokabeln regelmäßig wiederholen, sonst entstehen zu viele Lücken; nimm dir feste Lernzeiten vor. Nutze das Training im Arbeitsheft auf Seite 16/17.	Dein Wortschatz ist zu lückenhaft! Lege Termine fest, an denen du Vokabeln wiederholst. Lies nochmals sorgfältig die Tipps auf Seite 16/17 und überdenke deine Lerntechnik.

2 Zur Grammatik

a Bestimme den Kasus von folgenden Wörtern des Textes: Kreuze an.

Wort	Nom.	Gen.	Dat.	Akk.	Abl.
oppido (Z. 1)					
portam (Z. 2)					
oppidi (Z. 2)					
viro (Z. 5)					
viri (Z. 6)					
virum (Z. 7)					
mihi (Z. 7)					
nos (Z. 10)					
me (Z. 14)					
mea (Z. 15)					

Auswertung:

10/9 Angaben richtig	8/7 Angaben richtig	Weniger als 7 richtig
Du hast keine Probleme.	Du solltest die Deklinationen sorgfältig wiederholen.	Trainiere die Deklinationen anhand der Tabellen im Arbeitsheft.

b Welches Wort passt? Ergänze das Wort (aus der Klammer), das in den Satz passt, und erkläre die richtige Form:

1. (Viri/Viro/Virum) _____ non est tunica. (Richtiger Kasus: _____)

2. Nonnulli viri _____ (oppidum/oppidi/oppido) intrant. (Kasus: _____)

3. Mendicus prope portam _____ (oppidum/oppidi/oppido) sedet.

   (_____)

4. Mendicus viros _____ (pecuniae/pecuniam/pecunia) spoliare non cogitat.

   (_____)

5. Mendicus multos annos _____ durus/duros/dure) laborabat.

   (_____)

6. Incendium _____ (casa/casae/casam) delevit. (Kasus: _____)

7. Iamiu hic _____ (sedeo/sedet/sedent). (Form: _____)

8. Nonnulli viri Martinum _____ (specto/spectat/spectant).

   (_____)

LERNORT III Lektion 1–9: *Teste, was du schon kannst*

9. Noctu Martinus _____ (multi/multas/multos) angelos videt.

   (_____)

10. Nunc Martinus non iam _____ (gladius/gladii/gladio) pugnat.

    (_____)

Auswertung:

10/9 Angaben richtig	8/7 Angaben richtig	Weniger als 7 richtig
Du hast keine Probleme	Du solltest die Verwendung der Kasus im Satz üben.	Trainiere die Verwendung der Kasus im Satz anhand der Übersicht im Arbeitsheft.

3 Textverständnis

Richtig oder falsch? Entscheide anhand der Geschichte vom heiligen Martin:

1. Mendicus multos annos laborabat.
2. Incendium casam mendici delevit.
3. Familia mendici mortua est.
4. Itaque nunc neque cibus neque pecunia deest.
5. Martinus plenus misericordiae est.
6. Mendicus non diu prope portam oppidi sedet.
7. Mendicus pecuniam postulat.
8. Martinus mendico suam chlamydam dat.
9. Viri Martinum laudant.
10. Noctu Martinus unum angelum videt.

	recte	false
1.		
2.		
3.		
4.		
5.		
6.		
7.		
8.		
9.		
10.		

Auswertung:

10/9 Angaben richtig	8/7 Angaben richtig	Weniger als 7 richtig
Du hast keine Probleme.	Du solltest die Erschließungsmethoden eines Textes wiederholen.	Du musst nochmals die Texterschließungsmethoden trainieren, benutze dazu die Seiten 30/31 im Arbeitsheft.

BILDNACHWEIS

Agentur Focus / © Fabio Lovino / Contrasto (Titelbild)
Binder, V. (Karte) 7. Umschlagseite
Efing, A. (29)
Mauritius Images Stock Image 17 (li) u. age fotostock 17 (re.)
Schmidt, W. (31)

Nicht in allen Fällen war es uns möglich, den Rechteinhaber der Abbildungen ausfindig zu machen. Berechtigte Ansprüche werden selbstverständlich im Rahmen der üblichen Vereinbarungen abgegolten.